Made in the USA
Columbia, SC
29 November 2021

50033147R00057